Eine Rundreise durch Griechenland

Während der großen Ferien besucht Costa seinen Großvater in Athen.
Der hat ein Haus am Rande der Hauptstadt Griechenlands. „Nun bist du alt genug", hat der Großvater in einem Brief nach Deutschland geschrieben. „Ich werde eine Rundfahrt mit dir durch Griechenland machen und dir die antiken Stätten unserer Vorfahren zeigen."
Costa, der die 6. Klasse der Kopernikus-Schule in Frankfurt besucht, hat im Geschichtsunterricht schon einiges über die Stadtstaaten in Griechenland vor 2500 Jahren, von den griechischen Göttern, den olympischen Spielen, den vielen Kriegen der Staaten untereinander und von der Blütezeit Athens gehört.
Nun ist er ganz gespannt und freut sich auf die Rundreise. Sein Großvater aber hat ihm gesagt, dass er nicht zu viel erwarten darf, denn an manchen Stellen kann man nur wenige Reste von Ausgrabungen sehen.

Die Akropolis* des antiken Athens war eine Königsburg. Sie wurde auf einem ca. 150 Meter hohen Kalkfelsen errichtet und ist noch heute das Wahrzeichen der Stadt Athen.

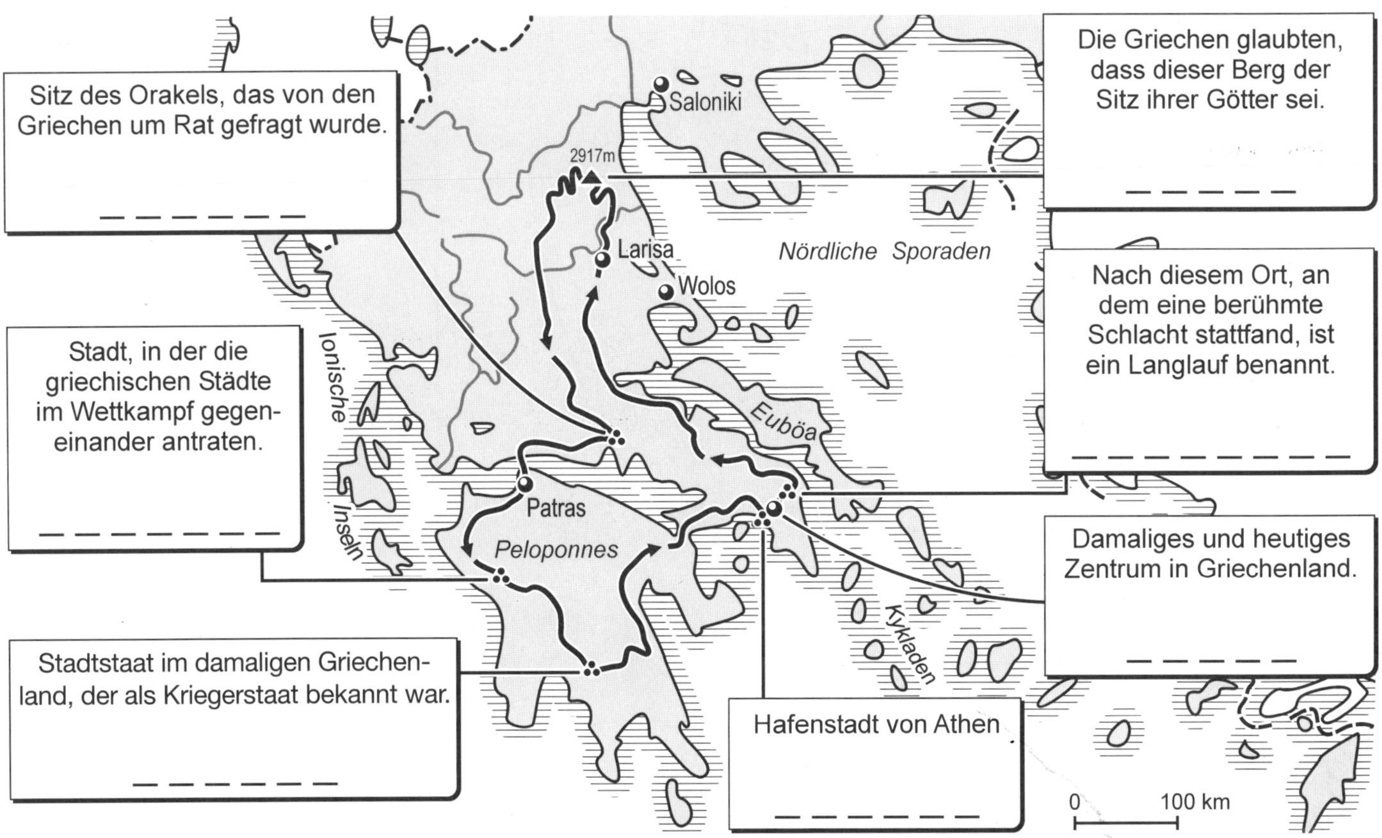

1. **Trage die Ortsnamen der Rundreise oben ein.**

Auf den folgenden Seiten wirst du auch eine „Rundreise" durch das antike Griechenland machen wie Costa.

Griechische Vokabeln
akros = höchste
polis = Stadt

Die Geschichte Athens im Überblick

Herrschaft von Königen

☐☐☐☐☐☐☐☐☐*

Herrschaft des Adels

☐☐☐☐☐☐☐☐

oder

Herrschaft der Wenige

☐☐☐☐☐☐☐

Auf dieser Doppelseite findest du eine Zeitleiste einiger geschichtlicher Stationen und Zeiträume des antiken Griechenlands. Dabei steht der damals bedeutendste Stadtstaat Athen im Mittelpunkt. Die obere Leiste zeigt, wie Athen über mehrere Jahrhunderte regiert wurde.

Griechen erobern die Stadt Troja um **1200**

Der Beginn der Olympischen Spiele **776**

Der Dichter Homer schreibt die Ilias und die Odyssee **um 700**

2000 v. Chr. — 1300 — 800 — 700 — 600

Volksstämme wandern aus dem Norden ein und gründen Stadtstaaten

Griechische Kolonisation – Bürger aus den „Mutterstaaten“ gründen „Tochterstaaten“

Die Besiedlung Griechenlands

Schon im 2. Jahrtausend vor Christus wanderten Völker aus dem Norden nach Griechenland ein. Das Land war sehr gebirgig. Sie errichteten ihre Siedlungen in den Tälern und am Meer. Der Platz für Ackerbau und Viehzucht war durch die Gebirge sehr eingeengt. Im Schutz einer festen Burg (Polis) bauten sie ihre Städte. Mit dem Wort Polis bezeichneten sie auch die Gemeinschaft ihrer Bürger. Jede Polis achtete sehr auf ihre Selbstständigkeit. Die Bürger waren stolz darauf, ihre Geschicke selbst in die Hand nehmen zu können und frei zu sein. Wenn ein Athener auf Reisen gefragt wurde, woher er denn komme, sagte er nicht: *„Aus Griechenland“*, sondern: *„Ich bin ein Bürger Athens!“*

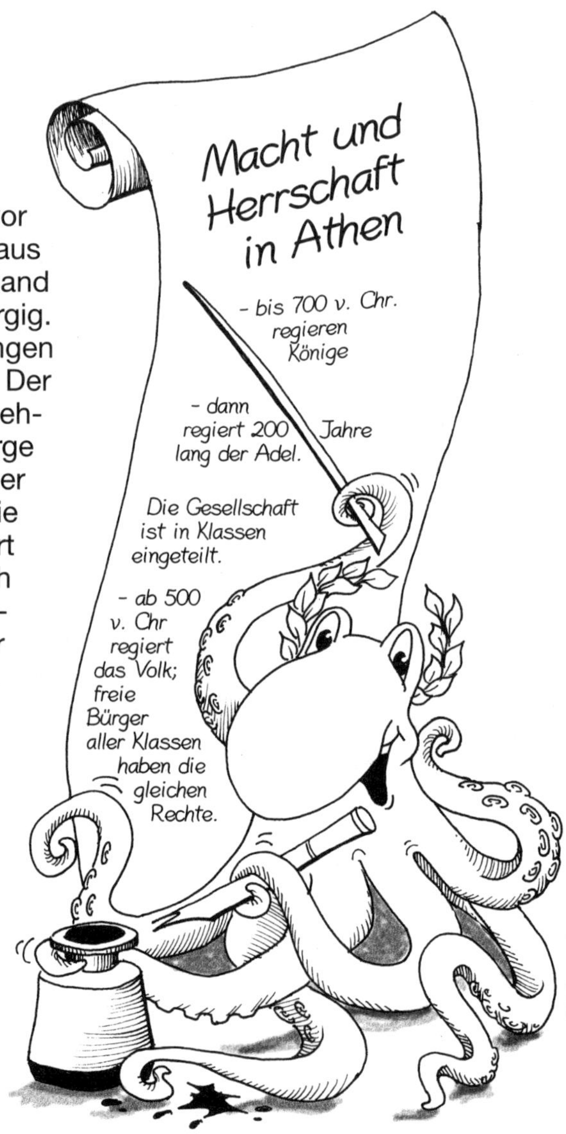

Die vier Klassen in Athen

_ _ o _ _ _ _ _ _ _ _ _ _

_ _ _ _ _ r _ _ _ _ _ _ _ _ _ _ _ _

_ _ _ _ _ _ _ _ k _ _

_ _ _ f _ _ _ _ _ _

_ _ _ _ _ _ _ _ _ B _ _ _ _ _

_ _ _ _ n _ _ a _ _ _ _ _ _ _ _ _

_ _ _ _ r _ _ _ _ _ _ _ _ _

_ _ h _ _ _ _ _ _ _ _ _ _

1. Die Gesellschaft in Athen war in vier Klassen eingeteilt.
Trage die zugehörigen Gruppen in die Übersicht ein:

*

Herrschaft des Volkes

☐☐☐☐☐☐☐☐☐☐*

*

Der Attische Seebund unter der Führung der Seemacht Athen **477–431**

Die „Blütezeit" Athens unter Perikles

Peleponesischer Krieg zwischen Athen und Sparta **431–404**

Der Krieg endet mit der Niederlage Athens

500 — 400 — 160 v. Chr.

Schlacht bei Marathon **490**

Seeschlacht bei Salamis **480**

Die Perser greifen Griechenland an

Die Römer erobern Griechenland **um 160**

Viele selbstständige Staaten

Das antike Griechenland war kein zusammenhängender Staat wie bei den alten Ägyptern oder Römern. Die Griechen hatten eine gemeinsame Sprache und glaubten an die gleichen Götter. Aber sie lebten in vielen selbstständigen Stadtstaaten. Die bekanntesten waren Athen und Sparta. Ein solcher Stadtstaat hieß bei ihnen Polis (der Plural von Polis heißt Poleis). Das Wort bedeutete ursprünglich Burg und bekam dann die Bedeutung Stadt oder Staat.
Die Akropolis in Athen, das Wahrzeichen der Stadt, das auf einem etwa 150 Meter hohen Felsen liegt, bedeutet höchste Burg und war ursprünglich die Burg der Könige und wurde später ein religiöser Platz mit Tempeln.

Übrigens: Wer war freier Bürger von Athen und hatte somit das Recht, an der Demokratie teilzunehmen?
Freie Bürger waren alle Männer über 20 Jahre, deren Eltern beide in der Polis Athen geboren waren. Die Frauen, die „Ausländer" und die Sklaven konnten nicht an der Demokratie teilnehmen.

2. Schau dir unten auf der Seite 3 die Vokabelliste (griechisch) an und setze die Fremdwörter für die jeweilige Herrschaftsform (Demokratie, Oligarchie, Monarchie, Aristokratie) ein.
3. Erstelle eine Liste mit deutschen Wörtern, in denen das griechische Wort „Polis" enthalten ist (Beispiele: Politik, Polizei ...).
4. Worauf waren die Bürger einer Polis sehr stolz?
5. Was hatten alle Poleis in Griechenland gemeinsam?
6. Welche entscheidenden Unterschiede zwischen der Demokratie in Athen und unserer heutigen hast du schon erfahren?

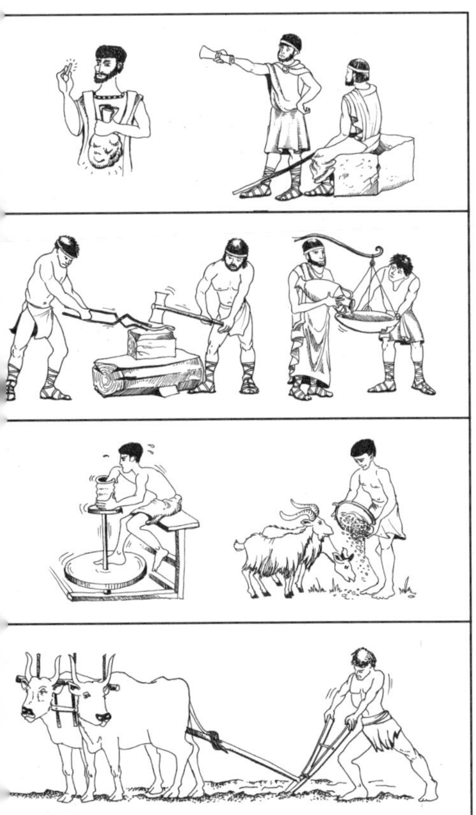

Lohnarbeiter, Großkaufleute, Handwerker, mittlere Bauern, Kaufleute, verarmte Bauern, kleine Handwerker, Großgrundbesitzer

Griechische Vokabeln:
demos = Volk; kratein = herrschen;
aristoi = die Besten (Adligen);
oligoi = wenige; archein = regieren;
polis = Burg, Stadt, Staat;
sympatheia = Zuneigung

Fahrt ins Ungewisse – Die Gründung von Kolonien

Wir schreiben das Jahr 630 v. Chr. Auf der Insel Thera herrscht schon seit einigen Jahren Trockenheit. Die Bauern können die Bevölkerung nicht mehr ernähren. Da fassen die Theraier den Entschluss, eine „Tochterstadt“, eine Kolonie, zu gründen. Sie fragt das Orakel von Delphi (siehe Seite 5) und bekommen den Rat, in Libyen in Nordafrika eine neue Stadt zu gründen. Ein großes Schiff wird gebaut. Aus allen jungen Männern von Thera werden 200 ausgelost, die mit ihrem Anführer in See stechen. Mit an Bord sind ein Korb voll heimischer Erde, eine Schale mit heimischem Feuer, Trinkwasser, Nahrung, Saatgut, Setzlinge von Olivenbäumen, Waffen, Werkzeug und vieles mehr.

Doch weil die Winde nicht günstig sind, kehren sie schon bald nach Thera zurück. Die Theraier aber jagen sie mit Schimpf und Schande davon und so machen sie sich erneut auf den Weg nach Süden. Nach beschwerlicher und langer Reise landen sie auf einer Insel vor der libyschen Küste.

1. Als vor Jahrhunderten in Deutschland Städte gegründet wurden, nannte man einige von ihnen „Neustadt“. Auch die Griechen haben eine

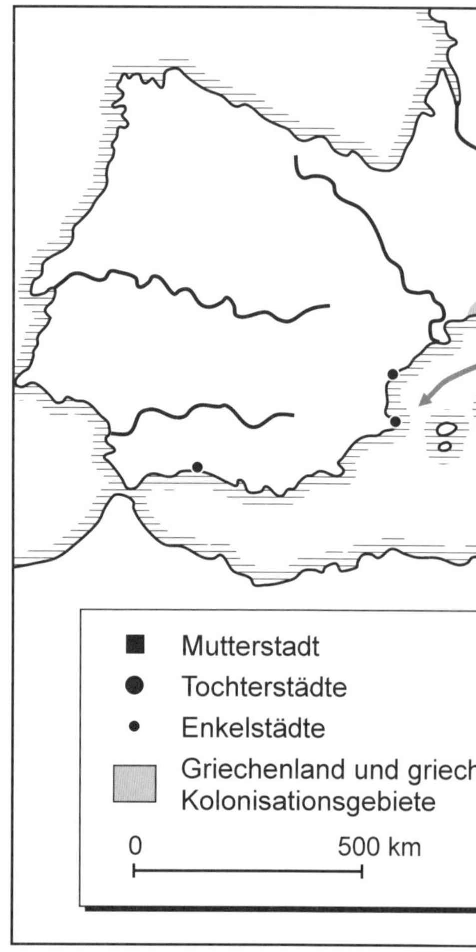

Auf dieser Insel errichten sie zunächst mit der heimischen Erde einen Altar, auf dem das mitgebrachte Feuer neu entfacht wird. Das Land wird vermessen und jeder junge Mann bekommt ein Stück durch Los zugewiesen. Sie errichten Häuser, bearbeiten den Boden und sammeln die Früchte, die das Land hervorbringt.

Aber schon nach zwei Jahren zeigt sich, dass der Boden zu unfruchtbar ist und zu wenig hergibt. Daher besteigen sie wieder das Schiff und fahren zum Festland, zur Küste Nordafrikas. Auf der Suche nach einem geeigneten Siedlungsplatz gründen sie schließlich die Stadt Kyrene. So wurde Kyrene die „Tochterstadt“ von Thera.

5. Griechische Kolonien gab es rund um das Mittelmeer und um das Schwarze Meer. Liste unter der Karte die heutigen Länder auf, in denen es griechische Kolonien gab.

Stadt mit dem Namen „Neustadt“ gegründet. Wie hieß sie damals und wie heißt sie heute. Schaue dazu in die Vokabelliste unten auf der Seite 5.

2. Zeichne in die Karte die Reiseroute von Thera nach Kyrene ein.

3. Warum gründeten die Mutterstädte Tochterstädte?

4. Überlege, welche Probleme bei der Besiedlung eines neuen Gebietes auftreten konnten.

„Das Orakel von Delphi“
Bevor die Griechen für ihre Polis wichtige Entscheidungen trafen, befragten sie das Orakel in Delphi. Dort saß in einem Tempel eine Seherin – heute würde man sagen: eine Wahrsagerin. Die Griechen glaubten, dass diese Seherin ihre Weissagungen von den Göttern bekäme. Von Priestern wurden diese Weissagungen dann gedeutet und von den Fragestellern befolgt.
Die bekannteste Orakelstätte war in Delphi; die Seherin hieß Pythia.

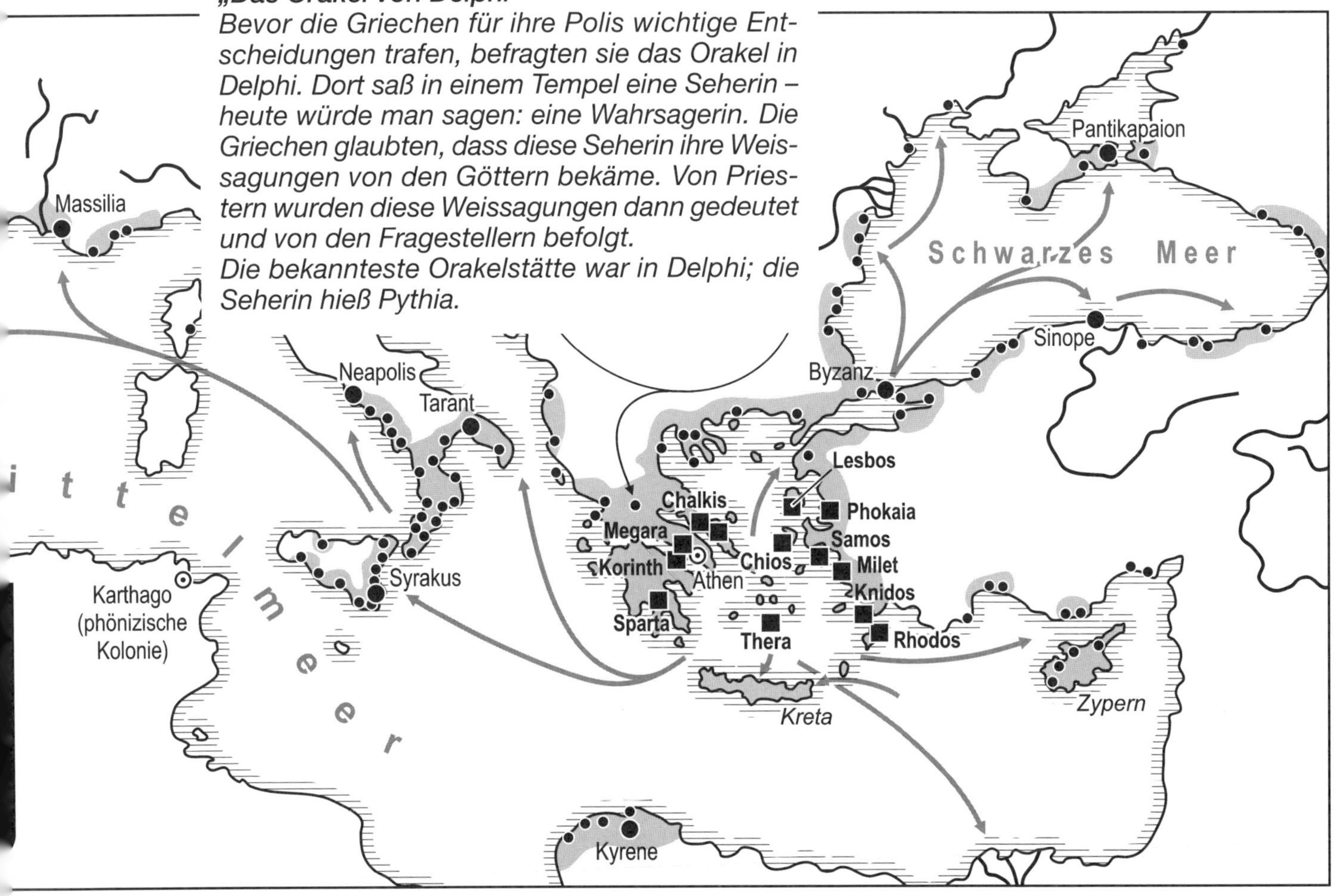

Mittelmeer (Europa)

Mittelmeer (Afrika und Asien)

Schwarzes Meer

Griechische Vokabeln:
nea = neu; polis = Stadt

Die griechischen Poleis gründeten fast um das ganze Mittelmeer und um das Schwarze Meer griechische Kolonien (Tochterstädte).
Und viele dieser Tochterstädte gründeten ihrerseits wieder Kolonien (Enkelstädte).
Das Gefühl der Zusammengehörigkeit aber blieb bei allen Auswanderern durch die gemeinsame Sprache bestehen. Warum wurden den Kolonien gegründet?
- Der Boden in den Mutterstädten wurde knapp.
- Die Bevölkerung wuchs so stark, dass die Nahrung nicht mehr ausreichte.
- Persönliche Gründe.

Regierung und Verwaltung in Athen

Die Blütezeit der Demokratie in Athen lag um 450 v. Chr.
Der Politiker, der damals den größten Einfluss in der Polis Athen hatte, war Perikles. Zu dieser Zeit waren alle Bürger Athens gleichberechtigt und alle Entscheidungen wurden durch Mehrheitsbeschlüsse getroffen.

Die Zeit der Könige, die alleine regiert hatten, war 250 Jahre zuvor und die Zeit der Adelsherrschaft, der Tyrannen, war 50 Jahre zuvor beendet worden.
Jetzt herrschte endlich Demokratie (Volksherrschaft) und das zeigte sich am deutlichsten in der Volksversammlung.
Begleiten wir doch einmal den 20-jährigen Kinon, der mit seinem Vater zum ersten Mal zur Volksversammlung geht.

_ _ _ _ _ _ _ _ _ _ _ _ _

_ _ _ _ _ _ _ _ _ _ _ _ _

Die Bürger der Polis nahmen die Rechtsprechung selber wahr. Jährlich wurden 6000 Bürger ausgelost, die als Richter tätig waren

↑ durch Los ausgewählt

Zu ihr gehörten alle freien Bürger der Polis Athen. Das waren alle Männer über 20 Jahre, deren Eltern beide in Athen geboren waren. Frauen, Ausländer und Sklaven hatten keinen Zutritt zur Volksversammlung

Der Platz, an dem die Volksversammlung tagt, ist ein Hügel am Stadtrand. Hier hat man im Halbrund Terrassen für Sitzplätze am Abhang angelegt.
Als Kinon und sein Vater ankommen, sind kaum noch Plätze frei. Auch der „Rat der 500" hat schon seine Ehrenplätze eingenommen. „Weil es heute um den weiteren Ausbau der Flotte geht, ist das Gedränge so groß", sagt der Vater. Nachdem der Vorsitzende die Versammlung eröffnet hat, wird in der weiten Arena sehr heftig und sehr laut gestritten. Jeder darf das Wort ergreifen.
Einige Redner sind der Meinung, der weitere Ausbau der Flotte wäre viel zu teuer, das Geld könne sinnvoller für die Verschönerung Athens ausgegeben werden.
Andere meinen, dass man nicht genug auf der Hut sein könne vor den Persern und der immer stärker werdenden Polis Sparta. So geht das schließlich bis zum späten Abend …

Die Bevölkerung Athens (um 450 v. Chr.)

Bürger von Athen	40 000
Familienangehörige	110 000
„Ausländer"	50 000
Sklaven	100 000

___ ___ ___

... war die Regierung von Athen. Jeden Tag übernahm ein anderer Ratsherr - durch Los bestimmt - den Vorsitz

____

Dieses Gericht sollte verhindern, dass sich jemand gegen den Willen des Volkes an die Spitze der Polis setzte und zum Tyrannen wurde.

______ _________

... waren in der Verwaltung des Staates beschäftigt. ... dienten in der Armee.

durch Los ausgewählt

Los oder Wahl

alle Mitgleider der Volksversammlung

____

Die Übersicht zeigt, welche Gremien an der Regierung und Verwaltung in der Polis Athen beteiligt waren.

1. Setze folgende Überschriften in die richtigen Kästchen: ***Beamte, Scherbengericht, Rat der 500, Volksgericht (Laienrichter), Offiziere, Volksversammlung***

Tonscherbe als Stimmzettel
Beim Scherbengericht wurde der Name des „Politikers" auf eine Tonscherbe eingeritzt, von dem man glaubte, dass er die Freiheit Athens bedrohte. Die Abstimmung fand auf der **Agora** (Marktplatz) statt.

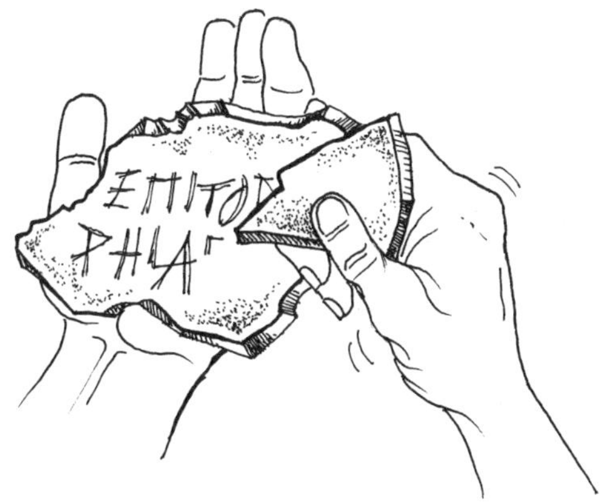

2. Wer konnte an der Volksversammlung teilnehmen?
3. Überlege, warum mindestens 6000 Bürger an der Volksversammlung teilnehmen mussten, wenn schwerwiegende Beschlüsse gefasst wurden.
4. Stelle in einer Tabelle zusammen: Was war nach unserem heutigen Verständnis in Athen demokratisch und was mit Sicherheit nicht?
5. Die Staatsform in Athen wurde als direkte Demokratie bezeichnet. Die Bürger konnten selbst und unmittelbar über alles selbst entscheiden.
Unsere Demokratie bezeichnet man als indirekte Demokratie. Überlege, was man darunter versteht und warum bei uns heute keine direkte Demokratie möglich ist.
6. Warum wurde in Athen das Scherbengericht eingeführt?
7. Warum mussten auch an dieser Abstimmung mindestens 6000 Bürger teilnehmen?
8. Was war der „Rat der 500"?
9. Welche Vorteile oder Nachteile kann es haben, wenn Bürger für das Richteramt ausgelost werden?

Athen – größter Handelsplatz im Mittelmeer

Die Beamten von Piräus, dem Hafen von Athen, haben alle Hände voll zu tun. Sieben voll beladene Handelsschiffe sind aus allen Teilen des Mittelmeeres und des Schwarzen Meeres am gleichen Tag eingelaufen. Von allen Gütern, die nach Athen eingeführt werden, müssen die Händler zwei Prozent Zoll bezahlen. Das ist eine wichtige Einnahmequelle für den Stadtstaat.

Der Kapitän des Handelsschiffes "Athene" hat sein Schiff vor einem der großen Lagerhäuser festgemacht. Der Verwalter des Schiffseigentümers Niarchos kommt mit zwanzig Tagelöhnern, um beim Ausladen zu helfen. Die "Athene" war insgesamt zwei Monate unterwegs und hat aus Massilia Wein und Wolle, aus Neapolis Schweine und Käse und aus Syrakus Getreide mitgebracht.

Da die 300 000 Einwohner von Athen nicht mehr aus dem Umland ernährt werden können, müssen insbesondere große Mengen von Getreide eingeführt werden, jedes Jahr 700 000 Tonnen.

Kapitän und Verwalter überwachen das Löschen der Ladung. Auch ein Zollbeamter steht dabei und führt über alles Buch. Die großen Tonkrüge mit Wein werden draußen aufgereiht.

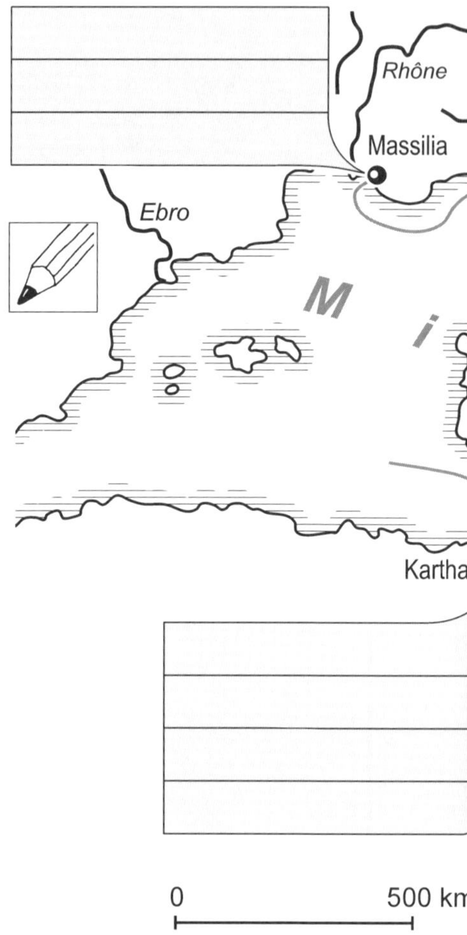

Schwierig ist es, die Schweine auszuladen und auf bereitgestellte Karren zu verfrachten. Die Tiere sind durch die lange Überfahrt sehr unruhig und verschreckt.

Als Letztes werden die 10 Sklaven aus Syrakus aus einem kleinen Verschlag unter Deck heraufgeholt. Der Sklavenhändler Glaumachos ist persönlich im Hafen erschienen, um die bestellte Ware abzuholen. Er hat diesen Auftrag von einem Großgrundbesitzer, der die Sklaven für die Olivenernte braucht. Das Ausladen aller Waren dauert bis in den späten Abend. Dann erst machen sich der Kapitän und der Verwalter auf den Weg nach Athen. Vom Hafen aus ziehen sich rechts und links hohe Mauern bis zur Stadt. Diese „Langen Mauern" verbinden Piräus mit Athen und bieten im Krieg der Bevölkerung Schutz. Falls Athen vom Meer abgeschnitten würde, könnte die Stadt nur noch kurze Zeit überleben.

1. Welche Aufgaben hatten die Zollbeamten im Hafen Piräus?

2. Die großen Handelsschiffe wurden von kleinen und sehr wendigen Kriegsschiffen begleitet. Begründe.

3. Warum war die Polis Athen auf Einfuhren von Waren angewiesen?

4. Neben vielen Rohstoffen war Holz für die Athener sehr wichtig. Wofür brauchten sie eine große Menge Holz?

In der nebenstehenden Liste findest du eine Anzahl von Häfen, aus denen die Athener sich ihre Waren und Rohstoffe holten.

5. Trage in die Tabelle die Namen der heutigen Länder ein, in denen die damaligen Hafenstädte lagen.

6. Trage in die Kästen, die neben den Hafenstädten in der Karte stehen, die jeweiligen Ausfuhrprodukte ein.

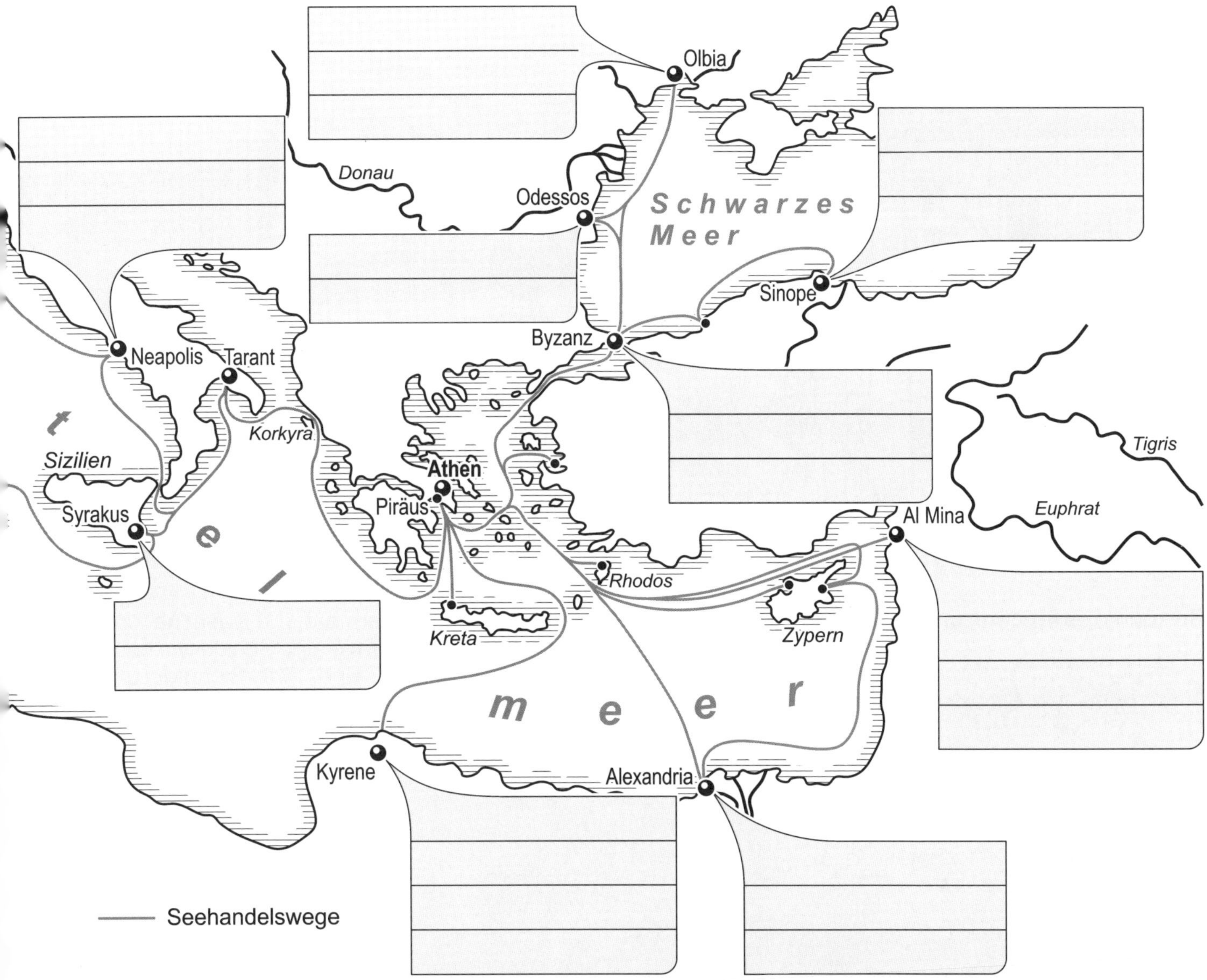

Handelsplatz (Stadt oder Region)	**liegt heute in diesem Land**	**Handelsware**
Kyrene		Elfenbein, Tierhäute, Felle, Getreide
Karthago		Teppiche, Silber, Zinn, Elfenbein
Massilia		Wein, Wolle, Holz
Neapolis	Italien	Schweine, Käse, Tierfelle
Syrakus		Getreide, Schweine
Odessos		Holz, Sklaven
Byzanz		Getreide, Schafe, Sklaven
Sinope		Sklaven, Teppiche, Mandeln
Al Mina		Weihrauch, Schmuck, Obst, Gewürze
Olbia		Getreide, Sklaven, Fische
Alexandria		Papyrus, Getreide, Arzneimittel

Sparta – der Kriegerstaat in Griechenland

So könnte es im **Zentrum Spartas** ausgesehen haben. Typisch für den Kriegerstaat: Die **Kaserne**, das **Gymnasium** (keine Schule wie heute, sondern eine Sportschule) und eine Schule für die Jüngeren.

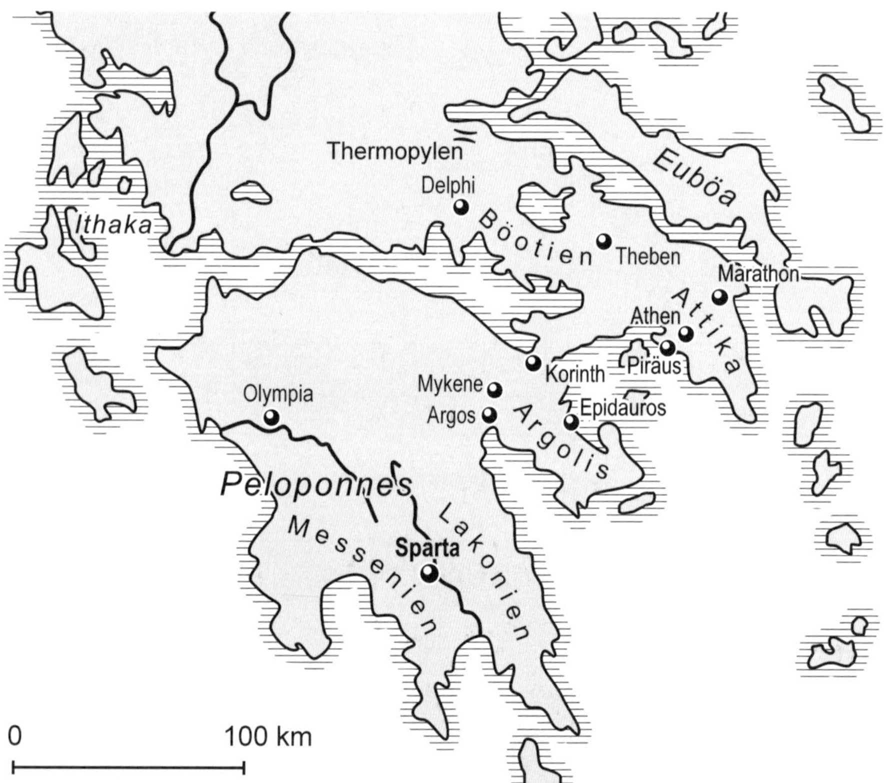

Neben Athen war Sparta die wichtigste Polis in Griechenland. Athen lag auf der Halbinsel Attika und Sparta im Süden der Halbinsel Peloponnes. Die Vorfahren der Spartaner waren um 900 v. Chr. aus dem Norden eingewandert. Die einheimische Bevölkerung wurde unterworfen und das Land aufgeteilt. Um die Herrschaft auf Dauer zu sichern, errichteten die Spartaner einen Militärstaat. Die Bewohner des Umlandes bewirtschafteten die Felder für die Spartaner oder sie waren Handwerker und Kaufleute. Für die Spartaner selbst war das verboten, sie leisteten nur Kriegsdienst. Die unterworfene Bevölkerung, die zu Sklaven gemacht worden war, musste in allen Bereichen die Arbeit verrichten.

Ein spartanischer Krieger

Du hast vielleicht schon mal den Satz gehört: „Der lebt spartanisch“.
Gemeint ist damit, dass er sehr einfach und ohne Luxus lebt. Dieser Ausdruck ist vom Leben in der Polis Sparta abgeleitet. Die Menschen lebten dort in größter Einfachheit und Genügsamkeit. Die Kleidung bestand aus einem wollenen Unterkleid ohne Ärmel. Darüber trug man ein rundes oder viereckiges Tuch. Die Spartaner gingen barfuß. Nur im Krieg banden sich die Soldaten Sohlen unter die Füße.

Kindererziehung

Wenn ein Kind nach der Geburt schwächlich oder krank war, wurde es in einer Schlucht ausgesetzt und musste verhungern. Bis zum 7. Lebensjahr war die Erziehung Aufgabe der Eltern. Dann kamen sie in öffentliche Gebäude in die Hände des Staates. Dort wurden sie trainiert und die Jungen wurden auf die Aufgabe als Soldat vorbereitet. Die Jungen schliefen auf dem Fußboden auf Heu oder Stroh. Sie bekamen gerade so viel zu essen, dass sie nicht verhungerten. Stehlen war erlaubt. Sie durften sich aber nicht dabei erwischen lassen, sonst wurden sie ausgepeitscht.

Aus Jungen wurden Soldaten

Mit 20 Jahren traten die jungen Männer in das Heer ein und mit 30 Jahren durften sie an der Essgemeinschaft der Männer teilnehmen. Um das Töten zu trainieren, gingen die jungen Krieger oft auf die Felder und erschlugen die Sklaven. Die Spartaner gingen niemals ohne Waffen auf die Straße, um die Sklaven von einem Aufstand abzuschrecken und Stärke zu zeigen.

Mädchen und Frauen

Die Mädchen trieben auch Sport wie die Jungen. Als erwachsene Frauen hatten sie sich um den Haushalt zu kümmern. Die Frauen hatten mehr Zeit für sich selbst als die Männer. Aber auch ihr Denken war: Leben und Sterben für die Polis Sparta. Als eine Mutter ihrem Sohn vor einer Schlacht den Schild gab, sagte sie: „Kehre mit ihm oder auf ihm zurück!“
Was ist wohl mit diesem Spruch gemeint?

Die Spartaner waren die ersten, die nicht in wilder Schlachtordnung kämpften, sondern in Reihen aufgestellt. Das nennt man eine **Phalanx.**

1. Wenn du das Silbenrätsel gelöst hast, erhältst du ein Wort, das in der Polis Sparta eine sehr große Bedeutung hatte.

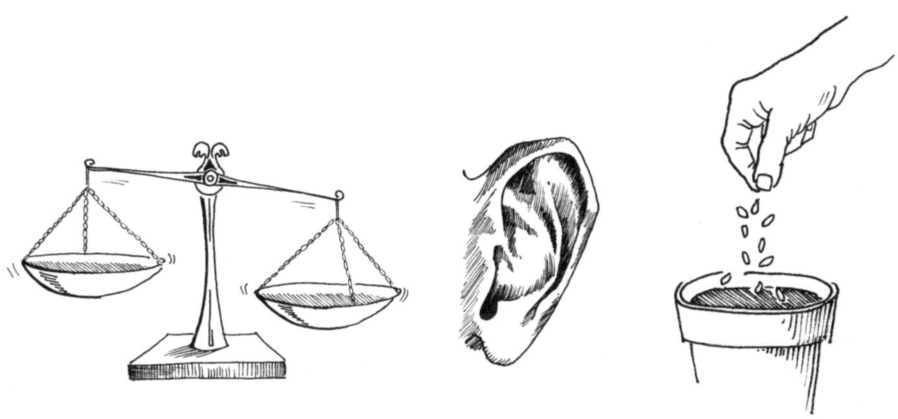

~~1~~ ~~2~~ ~~3~~ 1=2 / 2=1 / 3=3 ~~4~~ ~~5~~

					S		

2. Stelle in einer Liste wichtige Unterschiede der beiden Poleis Athen und Sparta gegenüber.
3. Warum kümmerte sich der Staat um die Erziehung der Jugend?
4. Was versteht man unter spartanischer Lebensweise?
5. Warum ging der Spartaner niemals ohne Waffen aus dem Haus?
6. Nach einer verlorenen Schlacht errichteten die Überlebenden einen Gedenkstein, auf dem folgender Satz stand:
Wanderer, kommst du nach Sparta, verkünde dort, du habest uns hier liegen gesehen, wie das Gesetz es befahl.
Was ist mit diesem Satz gemeint?

Wer hat die Vorherrschaft in Griechenland?

In den Jahren 500 v. Chr. bis 400 v. Chr. führten die Poleis oft Kriege gegeneinander, um die Vorherrschaft in Griechenland zu erringen. Es wurden zwar immer wieder Friedensverträge miteinander geschlossen, aber die waren oft nicht von langer Dauer. Auch aus dem benachbarten Perserreich gab es häufig Übergriffe auf Griechenland. Über diese Zeit und über berühmte Schlachten wird auf dieser Doppelseite berichtet.

Die Vorherrschaft über ein bestimmtes Gebiet wird mit dem griechischen Fremdwort Hegemonie bezeichnet*

1. Erkläre mit eigenen Worten, was man unter Hegemonie versteht?

2. Zu Ehren des Läufers, der den Sieg von Marathon nach Athen gemeldet hatte, wurde bei den Olympischen Spielen der Antike der Marathonlauf durchgeführt. Auch heute gibt es noch den Marathonlauf. Über wie viel Kilometer geht er?

3. Warum hatte Athen großes Interesse daran, mit den befreundeten Staaten den Attischen Seebund zu gründen?

4. Welche beiden Staaten standen sich im Peleponesischen Krieg gegenüber?

5. Mit wessen Hilfe konnte Sparta schließlich den Krieg für sich entscheiden?

Die Schlacht bei Marathon (490 v. Chr.)

Die Perser dehnten ihr Weltreich nach Westen aus und eroberten die griechischen Poleis an der Westküste Kleinasiens. Da die Athener diesen Städten geholfen hatten, sollten sie dafür bestraft werden. Die Perser segelten unter der Führung ihres Königs Darius im Jahre 490 v. Chr. mit ihrer Flotte zur Insel Euböa und setzen dann nach Attika über. Bei der Stadt Marathon kam es zur Schlacht. Die Spartaner, die um Hilfe gebeten wurden, kamen nicht. Mit nur 10 000 Soldaten siegten die Athener trotzdem gegen die dreifache Übermacht der Perser.

Nach dem Sieg wurde ein Läufer losgeschickt, der die Siegesbotschaft so schnell wie möglich nach Athen bringen sollte. „Wir haben gesiegt!" rief er auf dem Marktplatz. Dann brach er tot zusammen.

Mit dem Sieg bei Marathon hatte Athen sich neben Sparta einen führenden Platz unter den griechischen Poleis erkämpft.

6. Zeichne den Weg des Perserkönigs Darius nach Marathon rot ein.

Das Ende der Polis Athen

Der Peleponnesische Krieg ging weiter. Sparta war zu Lande, Athen zur See überlegen. Keiner konnte den anderen besiegen. Daher schlossen die beiden Staaten im Jahr 421 v. Chr. Frieden. Jeder konnte das behalten, was er vor dem Krieg besessen hatte.

Viele Athener aber waren mit dem Friedensvertrag nicht einverstanden und so ging der Peleponnesische Krieg weiter. Mal siegten die Spartaner, mal die Athener. Der Streit um die **Hegemonie** in Griechenland ging weiter, bis sich die Spartaner mit den Persern verbündeten. Die Festung Athen wurde zerstört, Athen war entmachtet. So endete der Peleponnesische Krieg mit dem Sieg Spartas.

Von Norden drängten die Makedonen weiter nach Süden, nach Griechenland, und wurden schließlich die neuen Herren. Es kam die Zeit **Alexanders des Großen**.

Der Peleponnesische Krieg

451 v. Chr. schloss Athen auch einen 30-jährigen Friedensbund mit Sparta. Athen verzichtete auf Erwerbungen auf dem Festland, Sparta überließ Athen die Vormachtstellung auf See. Der Frieden mit Sparta dauerte aber nur fünfzehn Jahre. Athen hatte die Handelsinteressen eines Bundesgenossen von Sparta verletzt und so kam es

Die Schlacht an den Thermopylen (480 v. Chr.)

Um die Schmach seines Vaters zu sühnen, brach 480 v. Chr. sein Sohn Xerxes mit 150 000 Soldaten und 800 Schiffen erneut nach Griechenland auf. Er ließ Kriegsschiffe zu einer Brücke zusammenbinden und überquerte so den Hellespont. Er zog an der Küste entlang durch Thrakien, Makedonien und Thessalien und stieß an den Thermopylen, einem nur 50 Meter breiten Engpass zwischen Meer und Gebirge auf das griechische Heer. Die Griechen konnten den Pass lange verteidigen und den Persern große Verluste zufügen. Als ein Grieche den Persern einen Schleichweg verriet, wurde das griechische Heer vernichtend geschlagen.

Seeschlacht bei Salamis (480 v. Chr.)

Nach der Niederlage am Thermopylenpass war Athen in höchster Gefahr. Im Jahre 480 v. Chr. drang das Landheer der Perser bis nach Athen vor und verwüstete die Stadt. Die persische Flotte näherte sich der Insel Salamis, vor deren Küste die griechische Flotte ankerte. Es kam zur Seeschlacht, bei der die zahlenmäßig unterlegenen Griechen die persische Flotte vollständig versenkten. Die griechischen Schiffe waren klein und sehr wendig und hatten vorne am Bug einen Rammsporn. Dadurch wurden die schwer manövrierbaren persischen Kriegsschiffe durchbohrt.

Xerxes zog sich mit seinem Heer nach Asien zurück und die Athener bauten ihre Stadt wieder auf.

7. Zeichne den Weg des Perserkönigs Xerxes bis zu den Thermopylen blau ein.

8. Suche auf der Karte die Insel Salamis (in der Nähe von Athen) und zeichne sie grün ein.

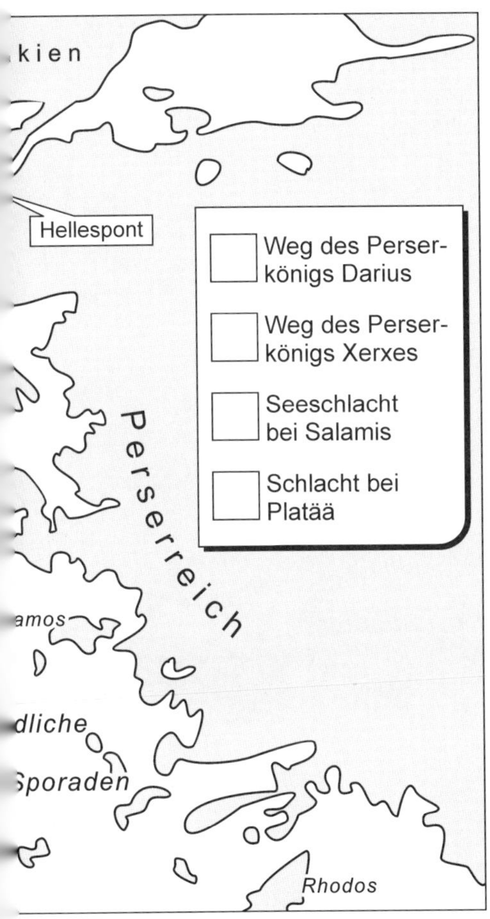

Der endgültige Sieg über die Perser

Im Frühjahr 479 v. Chr. wurden die Griechen erneut von den Persern angegriffen und Athen wurde wieder verwüstet. Unter der Führung der Spartaner kam es bei Plataä zur Schlacht. Anfangs waren die Perser überlegen. Doch als ihr Anführer von einem Stein getroffen tot vom Pferd fiel, flohen die Perser zurück in ihre Heimat und kamen nie wieder.

9. Suche Plataä (nordwestlich von Athen) auf der Karte und mache mit einem gelben Stift einen kräftigen Kreis darum.

Der Attische Seebund wird gegründet

Athen baute seine Flotte aus und wurde die stärkste Seemacht Griechenlands. Die von den Persern besetzten griechischen Poleis an der Westküste Kleinasiens und die griechischen Inseln wurden wieder befreit. Diese Städte schlossen mit Athen einen Friedensvertrag und gründeten den **Attischen Seebund** unter Führung Athens. Die Spartaner beobachteten mit Argwohn, dass Athen immer stärker wurde.

Im Jahre 448 v. Chr. schloss Athen auch mit den Persern einen Friedensvertrag. Das war die „Blütezeit" Athens.

Griechische Vokabeln
hegemonia = Führung

zum **Peleponnesischen Krieg.** Weil die Spartaner ein starkes Landheer hatten, konnten sie Athen einnehmen und die Stadt wurde verwüstet. Die Athener fuhren mit ihrer Flotte an die spartanische Küste und verwüsteten dort die Städte. Daraufhin zogen sich die Spartaner zurück.

Die Schlacht um Troja

Wie alle Völker erzählten sich auch schon die Griechen der Antike Geschichten über das Leben ihrer Vorfahren. Diese „sagenhaften" Geschichten wurden von Generation zu Generation weitererzählt, bis sie schließlich aufgeschrieben wurden. Die bekanntesten Texte aus sehr früher Zeit sind die **Epen** „Ilias" und „Odyssee" vom Dichter **Homer.** Homer hat sie etwa 700 v. Chr. geschrieben.

Durch diese Überlieferungen wissen wir viel über die „Frühzeit" des antiken Griechenland.

Die Epen (Singular: Epos) sind Erzählungen – meist in Versform geschrieben – über die Helden der Vorzeit und die Götter. In den Epen werden Mythen dargestellt. Das sind Sagen aus früherer Zeit.

Die Schlacht um Troja

Es war die Zeit um 1200 v. Chr. In Troja herrschte König Priamos. Paris, einer seiner Söhne, lebte lange Zeit am Hofe des Königs Menelaos in Sparta. Als er sich in Helena, die schöne Frau des Menelaos verliebte, entführte er sie nach Troja.

Weil die Trojaner sich weigerten, Helena zurückzugeben, versammelten die Griechen ein Herr von 100 000 Mann und segelten nach Troja. Es dauerte zehn Jahre mit vielen Kämpfen und Toten auf beiden Seiten, bis die Griechen Troja endlich einnehmen konnten.

Das gelang durch eine List: Sie bauten ein riesiges hölzernes Pferd, versteckten im Innern die mutigsten ihrer Krieger und täuschten ihren Abzug vor. Die Trojaner holten das Pferd in die Stadt und in der Nacht, als alle schliefen, öffneten die Männer im Innern des Pferdes eine Luke, überwältigten die Wachen und öffneten die Stadttore. Die Flotte kam auf ein Feuerzeichen hin zurück und die Stadt wurde in Schutt und Asche gelegt.

Helena kehrte zu Menelaos nach Sparta zurück.

Die Ilias schildert den viele Jahre andauernden Kampf um Troja und wie es zu diesem Krieg kam. Der Name Ilias kommt vom Wort „Ilion". So wurde Troja auch genannt.

1. Suche Troja auf der Karte und zeichne den Weg der Flotte, die mit 1000 Kriegsschiffen nach Troja unterwegs war, ein.

2. Wie heißt das Land heute, in dem Troja lag. Schreibe den Namen in das Kästchen in der Karte.

Der deutsche Kaufmann **Heinrich Schliemann** hatte schon als Kind die Ilias gelesen und wollte das antike Troja finden. Nach fünf Jahren intensiver Suche, bei der er genau die Texte Homers verglich, fand er schließlich im Jahr 1873 bei Ausgrabungen das „sagenhafte“ Troja.

3. Erkläre die Begriffe „Epen und „Mythen“.
4. Was war der Anlass für den Trojanischen Krieg?
5. Mit welcher List konnte Troja nach zehn Jahren schließlich eingenommen werden?

Die Irrfahrten des Odysseus
Odysseus war König der Insel Ithaka und einer der Helden, die vor Troja gekämpft haben. Er war klug und tapfer, aber auch listig und verschlagen. Nach der Schlacht um Troja irrte er zehn Jahre durch das Mittelmeer, ehe er wieder nach Ithaka zurückkam. Auf dieser Reise musste er viele Abenteuer bestehen. Eines der bekanntesten ist das Abenteuer bei dem menschenfressenden einäugigen Riesen Polyphem, den er überlistete, ihm mit einem Stamm das Auge ausstach und dann mit den übrigen Gefährten fliehen konnte.Die Abenteuer sind so spannend, dass es sich lohnt, sie zu lesen.

6. Auch wir in Deutschland kennen Sagen aus unserer Vergangenheit. Eine sehr bekannte Sage ist die „Siegfried-Sage“. Ob sich das Geschehen so oder so ähnlich zugetragen hat, wissen wir nicht genau. Sagen haben aber einen wahren Kern. Informiere dich über die Siegfried-Sage oder eine andere bekannte Sage und berichte deinen Mitschülern darüber.
7. Das Wort „Odyssee“ bedeutet Irrfahrt und ist abgeleitet von Odysseus, einem Helden, der vor Troja gekämpft hat. Odysseus kam erst nach einer langen Irrfahrt von Troja heim nach Ithaka. Besorge dir aus einer Bücherei ein Buch, in dem von den Abenteuern des Odysseus berichtet wird.

Die Olympischen Spiele der Antike und der Neuzeit

Die Olympischen Spiele der Antike waren ursprünglich kultische Spiele.
In besonderen Feierlichkeiten wurde der Göttervater Zeus verehrt. Auch die sportlichen Wettkämpfe fanden zu seinen Ehren statt. Während der Zeit der olympischen Spiele ruhten die Waffen, Kriege wurden in dieser Zeit unterbrochen. Aus allen Poleis reisten die Wettkämpfer nach Olympia, um sich im fairen Kampf zu messen. Bevor die Spiele begannen, gelobten die Sportler, fair gegeneinander zu kämpfen und die Schiedsrichter gelobten, unparteiisch zu sein.
Bei den Sportlern und Zuschauern zählte nur der Sieg, schon der Zweite fand keine Beachtung mehr. Wer Sieger in einem Wettkampf wurde, wurde mit Ehren überhäuft und oft wurde ihm auch in seiner Heimatstadt ein Denkmal errichtet. Wenn ein Wettkämpfer mit unfairen Mitteln arbeitete, musste er Strafgelder bezahlen.
Es ist die Geschichte überliefert, dass ein Wagenlenker aus Athen seine Gegner bestochen hatte. Trotz des Protestes der Athener wurde ihm der Sieg aberkannt. Die Athener waren darüber so erbost, dass sie an den nächsten Olympischen Spielen nicht teilnehmen wollten. Das Orakel von Delphi aber gab den Schiedsrichtern recht und die Athener mussten zur Strafe sechs Zeusstatuen in Olympia aufstellen.
Von 776 v. Chr. bis 393 n. Chr. fanden die Olympischen Spiele der Antike statt. Dann wurden sie von einem christlichen Kaiser verboten. Erst 1896 fanden die ersten Olympischen Spiele der Neuzeit statt und zwar zuerst in Athen und dann alle vier Jahre in einer anderen Stadt auf der ganzen Welt.

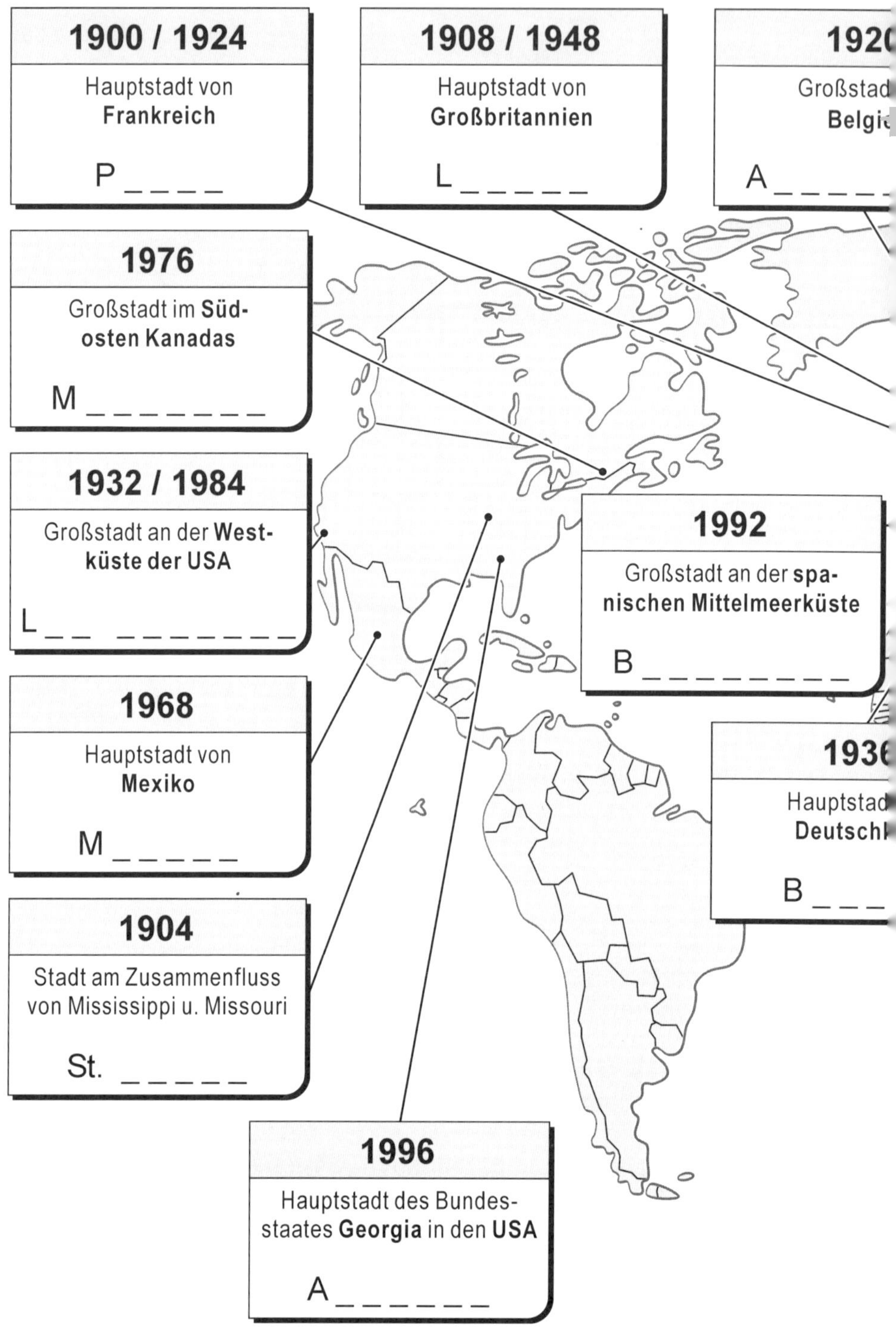

1. Welchen Sinn hatten die Olympischen Spiele ursprünglich?
2. Überlege, warum die Spiele 393 v. Chr. von einem christlichen Kaiser verboten wurden.
3. Was ist bei den Olympischen Spielen noch heute so wie in der Antike, was ist anders?

Folgende Wettkämpfe wurden bei den Olympischen Spielen der Antike durchgeführt:
- *Stadionlauf (1 Stadion = 192 m)*
- *Doppellauf (2 Stadien)*
- *Langlauf (24 Stadien)*
- *Waffenlauf (2 Stadien - mit Schild und Helm)*
- *Fünfkampf (Stadionlauf, Weitsprung, Diskuswurf, Speerwurf, Ringkampf)*
- *Ringkampf*
- *Faustkampf*
- *Allkampf (Mischung aus Faust- und Ringkampf)*
- *Wagenrennen (Vierergespann)*
- *Reiten*

Wettkämpfe für Jugendliche unter 20 Jahren:
- *Stadionlauf*
- *Ringen*
- *Faustkampf*
- *Allkampf*

Die Spiele dauerten fünf Tage.

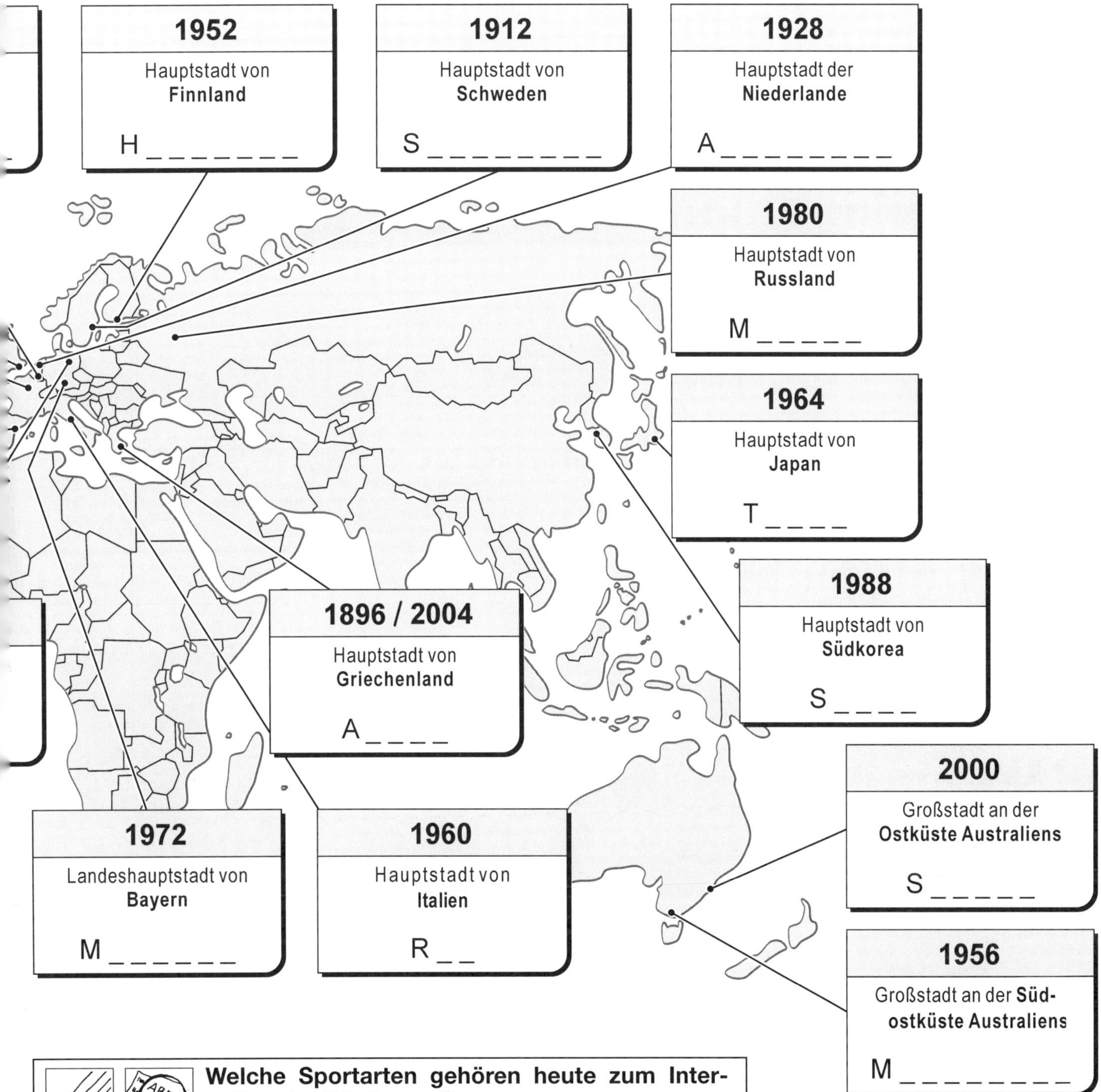

Welche Sportarten gehören heute zum Internationalen Fünfkampf?

Männer:

____

____

____

____

____

Frauen:

____

____

____

____

____

4. Trage die Namen der Städte, in denen die Spiele der Neuzeit stattfanden, in die Kästchen ein.
5. Auf welchen Kontinenten fanden die Spiele noch nie statt?
6. Überlege, warum in den Jahren 1916, 1940 und 1944 keine Olympischen Spiele stattfanden.

Aufgaben und Pflichten in Athen

Männer und Frauen hatten in der Gesellschaft Athens eine klare Aufgabenteilung. Auch die Erziehung war bei Jungen und Mädchen unterschiedlich. Die Sklavinnen und Sklaven wurden als „Ware“ betrachtet. Ordne die Aufgaben und Tätigkeiten der folgenden Liste der Übersicht zu. Bleibe bei der Reihenfolge, denn wenn du die großen Buchstaben in den Klammern in die hintere Spalte schreibst, erhältst du als Lösungswort eine wichtige Einrichtung in der Polis Athen:

Gewänder weben (V) / kochen lernen (M) / Gesetze beschließen (V) / ein Handwerk ausüben (O) / auf den landwirtschaftlichen Gütern arbeiten (U) / den Körper trainieren (A) / kochen (E) / in den Krieg ziehen (L) / die Kinder erziehen (R) / lernen, den Haushalt zu führen (L) / im Bergwerk arbeiten (N) / Lesen, Schreiben und Rechnen lernen (M) / Haus und Hof beschützen (K) / sich um den Haushalt kümmern (S) / Diener und Dienerin im Haushalt (G) / Handel treiben (S)

MÄNNER		
FRAUEN		
Jungen		
Mädchen		
Sklaven		

A, α	Alpha	a
B, β	Beta	b
Γ, γ	Gamma	g
Δ, δ	Delta	d
E, ε	Epsilon	e
Z, ζ	Zeta	z
H, η	Eta	c
Θ, θ	Theta	th
I, ι	Jota	i
K, κ	Kappa	k
Λ, λ	Lambda	l
M, μ	My	m
N, υ	Ny	n
Ξ, ξ	Xi	x
O, o	Omikron	o
Π, π	Pi	p
P, ϱ	Rho	r, rh
Σ, σ	Sigma	s
T, τ	Tau	t
Y, ς	Ypsilon	y
Φ, φ	Phi	ph
X, χ	Chi	ch
Ψ, ψ	Psi	ps
Ω, ω	Omega	o

Das „Alpha-bet(a)“

Unsere Schrift, unsere Buchstaben, haben wir von den Römern übernommen. Die Griechen schrieben mit anderen Buchstaben und tun es noch heute.

1. „Übersetze“ die griechischen Buchstaben in lateinische Buchstaben, schreibe deinen und andere Namen mit lateinischen und griechischen Buchstaben.

griechische Schrift	lateinische Schrift
Mathematiker Πυϑαγοραζ	
Philosoph Σοκρατηζ	

Was haben die Wörter Kino, Orchester, Biologie, Mathematik, Geografie, Tachometer und Drama gemeinsam? Sie haben alle ihren Ursprung in der Sprache des antiken Griechenland. Die Griechen haben uns eine riesige Fülle an hervorragenden Gedanken und großartigen Kunstwerken und Baustilen hinterlassen. Die Völker Europas haben sich immer mit den Leistungen der Griechen im Altertum beschäftigt. Vieles wurde aus ihrer Kultur übernommen und weiterentwickelt. Unser Wort Alphabet setzt sich aus den ersten beiden Buchstaben der griechischen „Buchstabenliste“ zusammen. Der Eid, den die Ärzte heute beschwören, zum Wohle und Nutzen der Patienten zu handeln, ist der Hippokratische Eid, benannt nach dem griechischen Arzt Hippokrates. Das Brandenburger Tor in Berlin ist nach griechischem Vorbild gebaut. Viele Lehrsätze aus der Mathematik, mit denen du dich in der Schule herumplagen musst, stammen von griechischen Mathematikern (z. B. Satz des Pythagoras, Satz des Euklid). Endlos viele Beispiele lassen sich noch anführen. Man kann sagen, dass die europäische Kultur ihren Anfang im antiken Griechenland genommen hat.

2. Schlage die Bedeutung der folgenden Begriffe (eine kleine Auswahl), die ihren Ursprung in der griechischen Sprache haben, im Lexikon nach und ordne sie den unterschiedlichen Bereichen zu:

Drama, Ellipse, Tyrannei, Poesie, Pharmazie, Megafon, Monarchie, Rhetorik, Komödie, Kathete, Demokratie, Dialog, Tetraeder, Diktatur, Telegraf, Lyrik, Tragödie, Stethoskop, Monolog, Teleskop, Telefon, Orchester, Dialyse

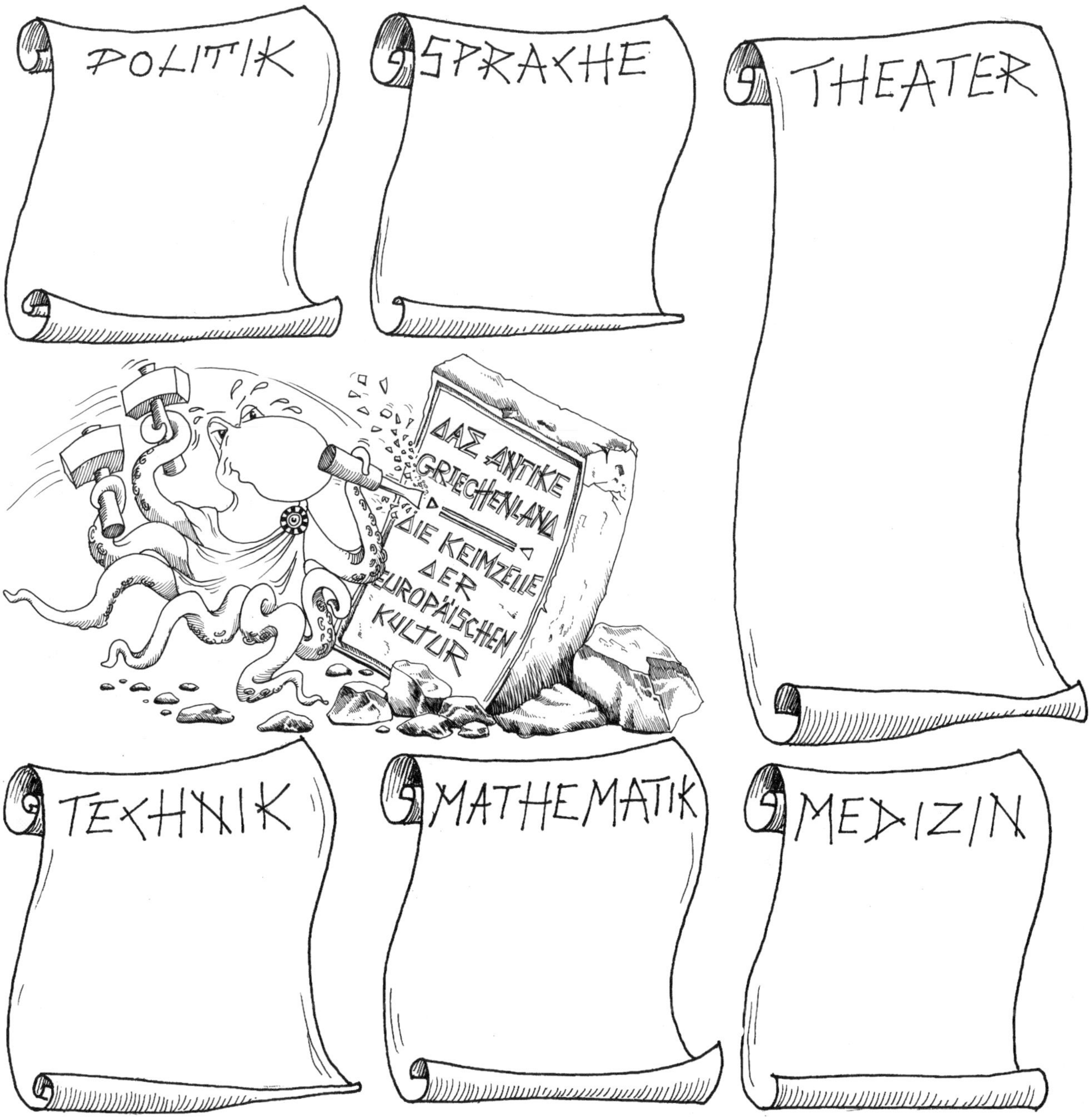

Das heutige Griechenland – ein Staat auf dem Weg

1. Zeichne die Fläche Griechenlands farbig ein.
2. Trage die Namen der Städte, Nachbarstaaten und Inseln in die unten stehende Tabelle ein.
3. Nimm ein Lexikon zu Hilfe und suche die fehlenden Informationen über Griechenland.

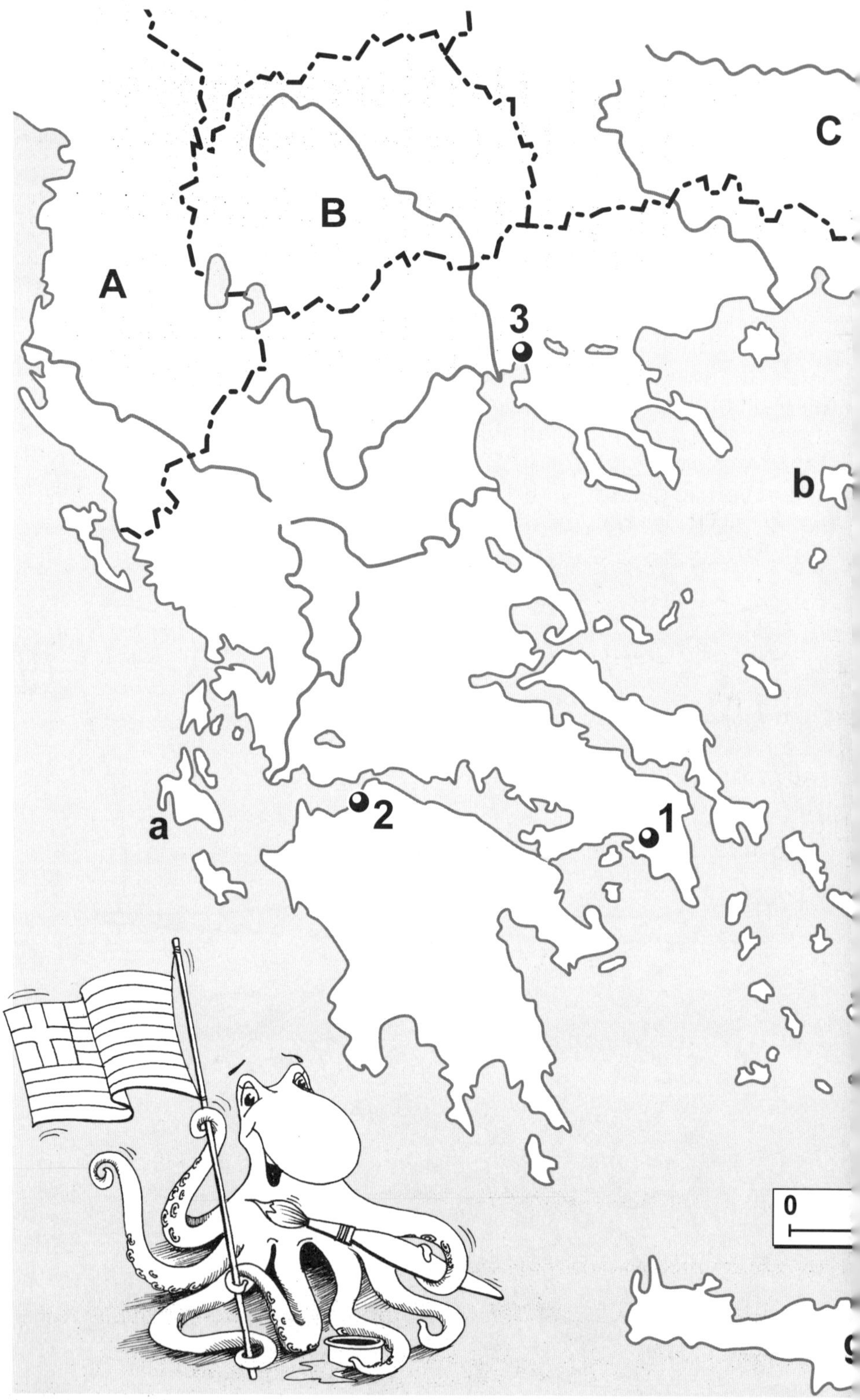

Städte:

1. ______________________

2. ______________________

3. ______________________

Nachbarstaaten:

A ______________________

B ______________________

C ______________________

D ______________________

Inseln:

a ______________________

b ______________________

c ______________________

d ______________________

e ______________________

f ______________________

g ______________________

Fläche:

______________________ km²

Einwohnerzahl:

____

Hauptstadt:

____

- **Landwirtschaft:**

Landwirtschaft spielt in Griechenland eine bedeutende Rolle. 25 % der Erwerbstätigen arbeiten in der Landwirtschaft.

- **Energie:**

Rund 90 % von Griechenlands Energie wird in Wärmekraftwerken durch die Verbrennung von Braunkohle, Steinkohle und Erdöl erzeugt.

Wichtige **Exportgüter**:
Obst, Gemüse, Olivenöl, Tabak, Textilien

Wichtige **Importgüter**:
Maschinen, Fahrzeuge, Erdölprodukte, Nahrungsmittel